Mängelexemplar

Sarahs Weide

Text von Friedrich Recknagel
Bilder von Maja Dusíková

Nord-Süd Verlag

Am Teich hinter den Häusern stand eine alte Weide. Oft kam Sarah mit ihrer Freundin hierher. Es war ihr Lieblingsplatz.

Heute hatten sie zwei Männer dort gesehen, und einer hatte ein Kreuz an den Baumstamm gesprüht. Darf er das denn?

Als Sarah am Abend im Bett lag, musste sie wieder an die zwei Männer denken.

»Der auch«, hatte sie den einen sagen gehört. Und das Kreuz, was mochte es wohl bedeuten? Schließlich schlief Sarah ein.

Im Traum ging Sarah zu ihrer Weide. Da fuhr ihr der Schreck durch die Glieder. Ein kleiner Geist schwebte auf sie zu.
   Sarah fasste sich ein Herz und fragte:
     »Wer bist du?«

»Wer bist du?«, fragte Sarah noch einmal.

»Ich bin ein Baumgeist, ich wohne in dieser Weide.« Sarah war sprachlos.

»Ich kenne dich«, fuhr der Baumgeist fort, »du bist Sarah. Ich war immer glücklich, wenn du hier warst.«

»Jetzt bin ich auch hier, aber du siehst traurig aus.«

»Ja, ich bin traurig«, sagte der Baumgeist, »siehst du das Kreuz hier?«

Sarah starrte auf das Zeichen am Baumstamm. Es leuchtete unheimlich, wurde größer und größer… Aber plötzlich war der Traum vorbei.

Am nächsten Tag hatte Sarah es sehr eilig. Atemlos kam sie am Teich an. Aber was war das?

Entsetzt blieb sie stehen. Ihre Weide lag am Boden. Abgesägt. Vier Männer packten gerade ihr Werkzeug in ein Auto.

»So, das wärs«, sagte einer, »morgen machen wir den Rest.« Dann stiegen sie ein und fuhren los.

Sarah konnte es nicht fassen.
Sie setzte sich auf den Baumstamm
und weinte. Schließlich ging sie
betrübt nach Hause.

In der Küche traf Sarah ihren Vater.

»Wie siehst denn du aus?«, fragte er. »Hast du geweint?«

Niedergeschlagen erzählte Sarah, was geschehen war.

»Das ist schlimm«, murmelte der Vater. Er fasste sich mit der Hand ans Kinn und machte »Hm, hm«. Plötzlich sagte er:

»Komm, wir gehen zur Weide. Nimm deine Gießkanne mit und die Schaufel, die du im Sommer am Strand gehabt hast.«

Sarah wusste nicht, was ihr Vater vorhatte, doch sie holte Gießkanne und Schaufel herbei. Dann gingen die beiden zum Teich.

Von der gefällten Weide schnitt der Vater einen schlanken Zweig ab. Sarah musste etwas weiter weg am Teich ein Loch graben. Dort hinein setzte der Vater den Zweig, und Sarah durfte das Loch wieder zuwerfen. Dann traten sie gemeinsam die Erde mit den Füßen fest.

»So, nun noch gießen«, sagte der Vater.
   Sarah schöpfte Wasser aus dem Teich und begoss die Pflanzstelle. Auf dem Nachhauseweg war sie gar nicht mehr traurig.

Nun besuchte Sarah jeden Tag den neu gepflanzten Zweig. Sie wässerte ihn sorgfältig. Oft kam ihre Freundin mit.

Eines Tages entdeckten die beiden frische kleine Blätter an den Zweigspitzen.

»Der Baumgeist ist eingezogen!«, rief Sarah fröhlich.

»Ob wir bald wieder eine Höhle haben?«, fragte die Freundin.

»Nein, nein«, erwiderte Sarah, »das dauert ganz lange. Erst hat uns der Baumgeist eine Höhle geschenkt, und jetzt kümmern wir uns um seine neue Wohnung. Das hat mein Papa gesagt.«

»Ob da wirklich ein Geist drin wohnt?«, zweifelte die Freundin.
»Bestimmt«, sagte Sarah fröhlich, »ich habe doch von ihm geträumt.«

Friedrich Recknagel schrieb für den Nord-Süd Verlag
die folgende Bilderbuchgeschichte:

Mia findet eine Freundin
illustriert von Ilse van Garderen

Maja Dusíková illustrierte für den Nord-Süd Verlag
die folgenden Bilderbücher:

Sankt Martin und der kleine Bär
Text von Antonie Schneider

Leb wohl, Chaja!
Text von Antonie Schneider

Stille Nacht, heilige Nacht
Das schönste aller Weihnachtslieder

Rapunzel
Ein Märchen der Brüder Grimm

Alina, Aluna und die zwölf Monatsbrüder
Text von Peter Grosz

Ein Geschenk vom Nikolaus
Text von Dorothea Lachner

Du warst es!, sagte Berberitz
Text von Dorothea Lachner

Lektorat Brigitte Hanhart Sidjanski

© 2001 Nord-Süd Verlag AG, Gossau Zürich und Hamburg
Alle Rechte, auch die der Bearbeitung oder auszugsweisen Vervielfältigung,
gleich durch welche Medien, vorbehalten
Lithographie: Photolitho AG, Gossau Zürich · DTP/Satz: Pro Desk AG, Uster
Gesetzt in der Veljovic Book, 16 Punkt · Druck: Sachsendruck, Plauen
ISBN 3 314 00962 3

Die Deutsche Bibliothek – CIP-Einheitsaufnahme

Sarahs Weide / Friedrich Recknagel ; Maja Dusíková – Gossau, Zürich ;
Hamburg : Nord-Süd-Verl., 2001   (Ein Nord-Süd-Bilderbuch)   ISBN 3-314-00962-3

Besuchen Sie uns im Internet: www.nord-sued.com